AF199980

Impressum
Verlag: BABADADA GmbH, Nedderfeld 112 , 22529 Hamburg
Geschäftsführer / Verlagsleitung: Harald Hof
Druck: Books on Demand GmbH, In de Tarpen 42, 22848 Norderstedt

Imprint
Publisher: BABADADA GmbH, Nedderfeld 112 , 22529 Hamburg, Germany
Managing Director / Publishing direction: Harald Hof
Print: Books on Demand GmbH, In de Tarpen 42, 22848 Norderstedt

school
mokykla

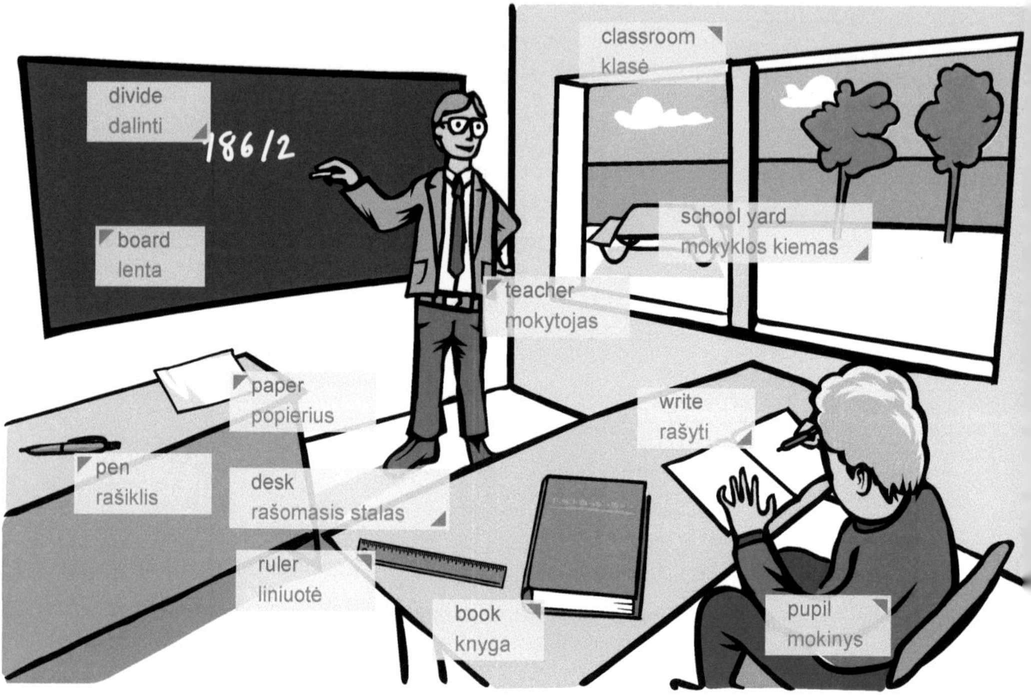
classroom
klasė
divide
dalinti
186/2
board
lenta
school yard
mokyklos kiemas
teacher
mokytojas
paper
popierius
write
rašyti
pen
rašiklis
desk
rašomasis stalas
ruler
liniuotė
book
knyga
pupil
mokinys

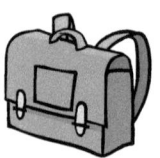

satchel
kuprinė

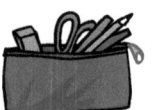

pencil case
penalas

pencil
pieštukas

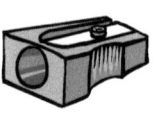

pencil sharpener
drožtukas

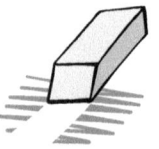

rubber
trintukas

drawing pad
piešimo bloknotas

drawing

piešinys

paintbrush

teptukas

paint box

dažų dėžutė

scissors

žirklės

glue

klijai

exercise book

vadovėlis

homework

namų darbai

number

numeris

2+2

add

pridėti

5-2

subtract

atimti

multiply

dauginti

calculate

skaičiuoti

A

letter

raidė

alphabet

abėcėlė

word

žodis

text
tekstas

read
skaityti

chalk
kreida

lesson
pamoka

register
dienynas

exam
egzaminas

certificate
pažymėjimas

school uniform
mokyklinė uniforma

education
išsilavinimas

encyclopedia
enciklopedija

university
universitetas

microscope
mikroskopas

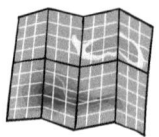

map
žemėlapis

waste-paper basket
šiukšliadėžė

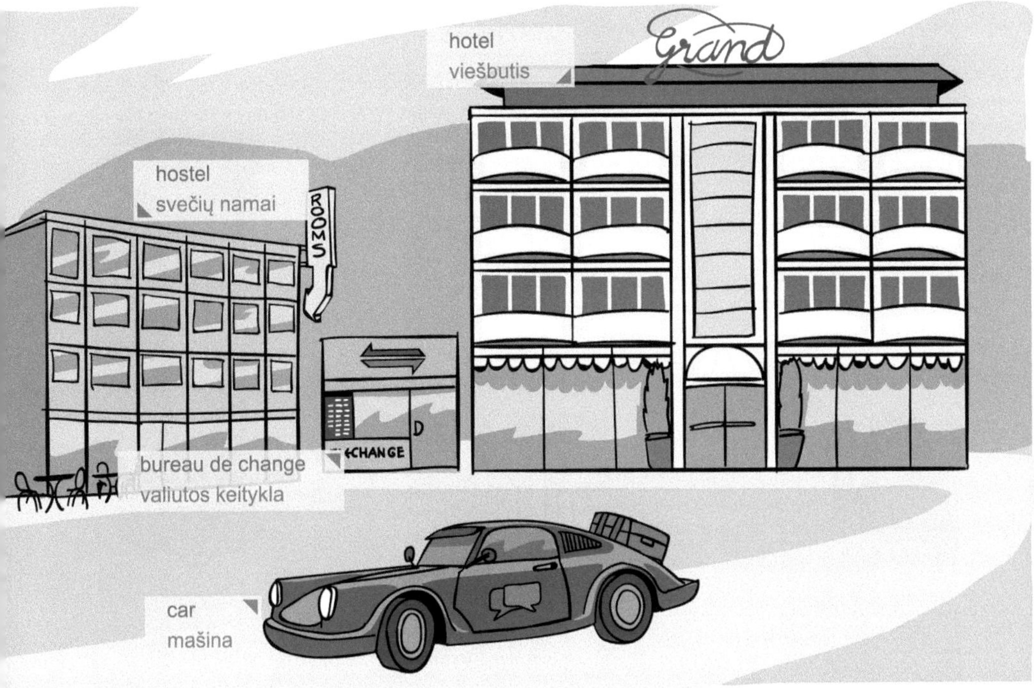

hotel
viešbutis
Grand
hostel
svečių namai
ROOMS
bureau de change
valiutos keitykla
CHANGE
car
mašina

language

kalba

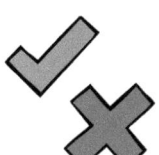

yes / no

taip / ne

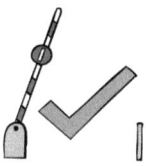

Okay

Gerai

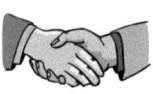

hello

sveiki

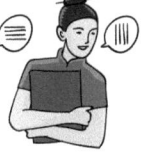

translator

vertėjas raštu

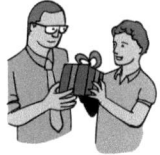

Thank you

Ačiū

how much is...?

kiek kainuoja...?

I do not understand

aš nesuprantu

problem

problema

Good evening!

Labas vakaras!

Good morning!

Labas rytas!

Good night!

Labos nakties!

bye bye

viso gero

direction

kryptis

luggage

bagažas

bag

krepšys

backpack

kuprinė

guest

svečias

room

kambarys

sleeping bag

miegmaišis

tent

palapinė

tourist information

turizmo informacija

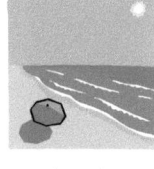

beach

paplūdimys

credit card

kreditinė kortelė

breakfast

pusryčiai

lunch

pietūs

dinner

vakarienė

ticket

bilietas

lift

liftas

stamp

pašto ženklas

border

siena

customs

muitinė

embassy

ambasada

visa

viza

passport

pasas

transport
transportas

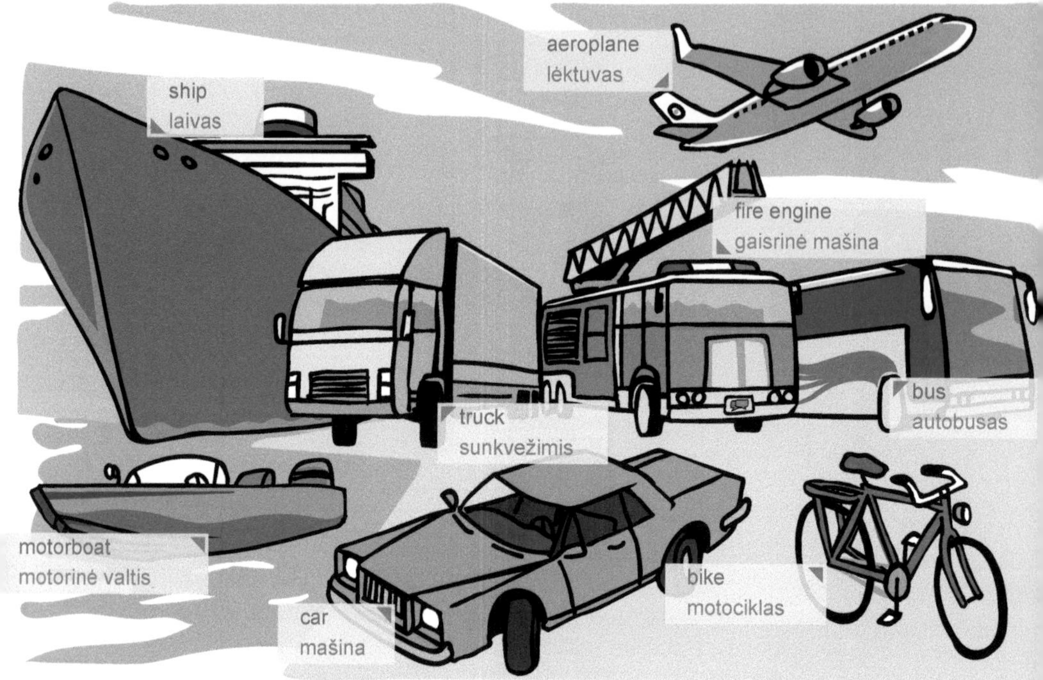
aeroplane
lėktuvas
ship
laivas
fire engine
gaisrinė mašina
bus
autobusas
truck
sunkvežimis
motorboat
motorinė valtis
bike
motociklas
car
mašina

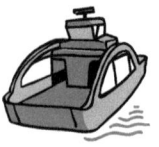

ferry

keltas

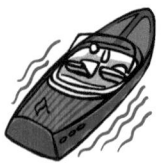

boat

valtis

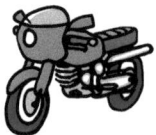

motorbike

mopedas

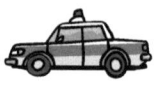

police car

policijos automobilis

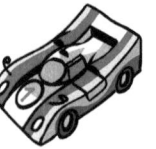

racing car

lenktyninis automobilis

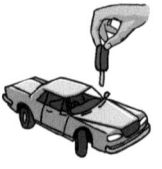

rental car

nuomojamas automobilis

car sharing

bendras automobilio naudojimas

breakdown truck

techninės pagalbos automobilis

refuse truck

šiukšliavežė

motor

variklis

fuel

degalai

petrol station

degalinė

traffic sign

kelio ženklas

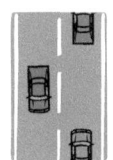

traffic

eismas

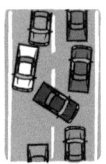

traffic jam

eismo spūstis

car park

mašinų stovėjimo aikštelė

train station

traukinių stotis

tracks

bėgiai

train

traukinys

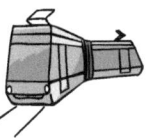

tram

tramvajus

carriage

vagonas

helicopter

sraigtasparnis

airport

oro uostas

tower

bokštas

passenger

keleivis

container

konteineris

carton

dėžė

cart

vežimėlis

basket

krepšys

take off / land

pakilti / nusileisti

city

miestas

village

kaimas

city centre

miesto centras

house

namas

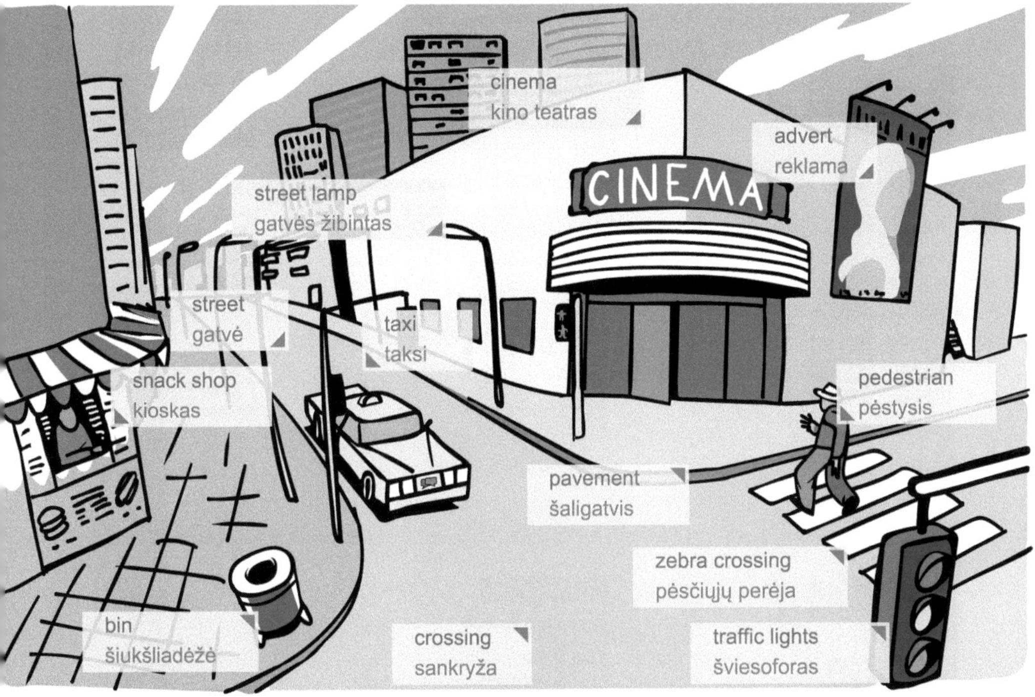

cinema
kino teatras
CINEMA
advert
reklama
street lamp
gatvės žibintas
street
gatvė
taxi
taksi
snack shop
kioskas
pedestrian
pėstysis
pavement
šaligatvis
zebra crossing
pėsčiųjų perėja
bin
šiukšliadėžė
crossing
sankryža
traffic lights
šviesoforas

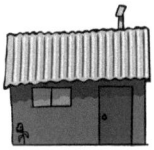

hut

trobelė

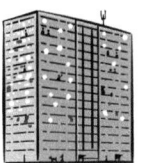

flat

butas

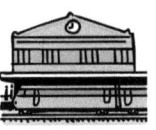

train station

traukinių stotis

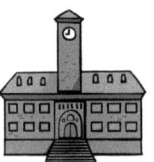

town hall

rotušė

MUSEUM

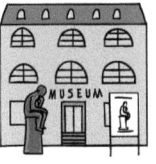

museum

muziejus

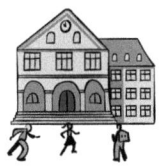

school

mokykla

university

universitetas

bank

bankas

hospital

ligoninė

hotel

viešbutis

pharmacy

vaistinė

office

biuras

book shop

knygynas

shop

parduotuvė

florist's

gėlių parduotuvė

supermarket

prekybos centras

market

turgus

department store

universalinė parduotuvė

fishmonger's

žuvies parduotuvė

shopping centre

prekybos centras

harbour

uostas

park

parkas

bench

suoliukas

bridge

tiltas

stairs

laiptai

underground

metro

tunnel

tunelis

bus stop

autobusų stotelė

bar

baras

restaurant

restoranas

postbox

lauko pašto dėžutė

street sign

kelio ženklas

parking meter

parkomatas

zoo

zoologijos sodas

swimming pool

baseinas

mosque

mečetė

farm
ūkininko ūkis

pollution
tarša

graveyard
kapinės

church
bažnyčia

playground
žaidimų aikštelė

temple
šventykla

landscape
kraštovaizdis

signpost
kelio rodyklė

way
kelias

meadow
pieva

stone
akmuo

tree
medis

hiker
ėjikas

river
upė

grass
žolė

flower
gėlė

valley

slėnis

hill

kalva

lake

ežeras

forest

miškas

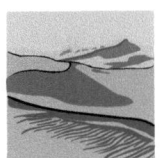

desert

dykuma

volcano

ugnikalnis

castle

pilis

rainbow

vaivorykštė

mushroom

grybas

palm tree

palmė

mosquito

uodas

fly

musė

ant

skruzdėlė

bee

bitė

spider

voras

beetle

vabalas

frog

varlė

squirrel

voverė

hedgehog

ežys

hare

kiškis

owl

pelėda

bird

paukštis

swan

gulbė

boar

šernas

deer

elnias

moose

briedis

dam

užtvanka

wind turbine

vėjo jėgainė

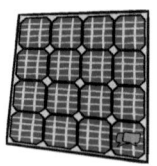

solar panel

saulės baterija

climate

klimatas

restaurant
restoranas

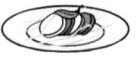

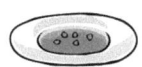

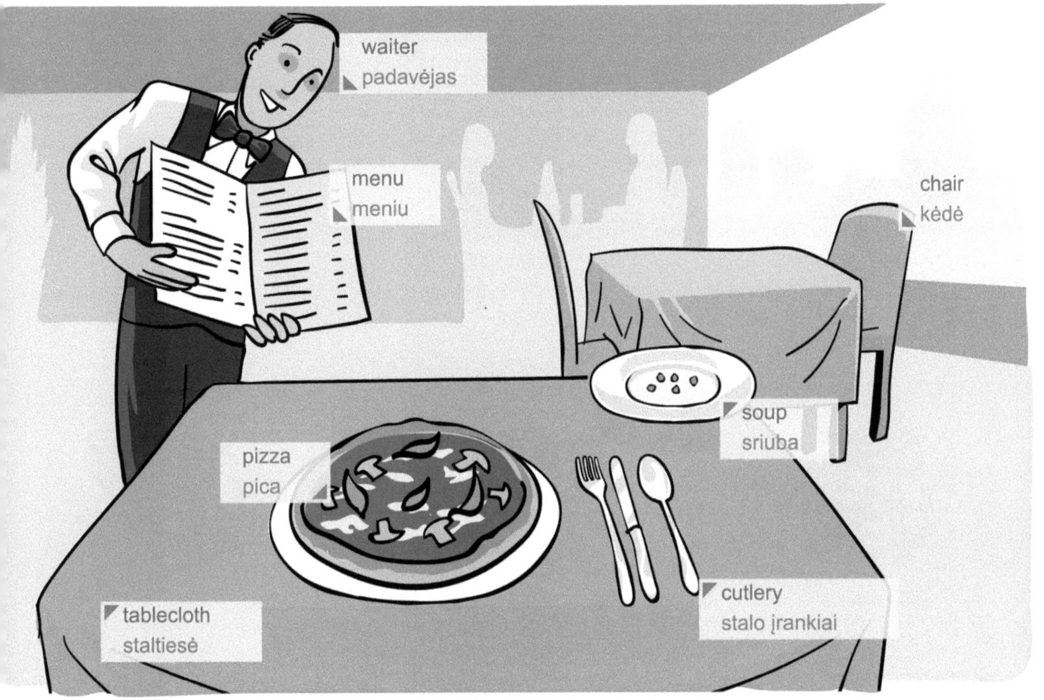
waiter
padavėjas
menu
meniu
chair
kėdė
soup
sriuba
pizza
pica
tablecloth
staltiesė
cutlery
stalo įrankiai

starter
užkandis

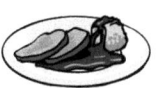

main course
pagrindinis patiekalas

dessert
desertas

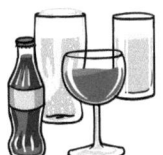

drinks
gėrimai

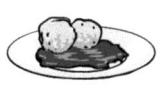

food
maistas

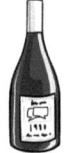

bottle
butelis

fast food

greitai pateikiamas maistas

street food

gatvės maistas

teapot

arbatinukas

sugar bowl

cukrinė

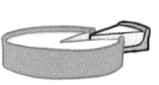

portion

porcija

espresso machine

espreso aparatas

high chair

aukšta kėdė

bill

sąskaita

tray

padėklas

knife

peilis

fork

šakutė

spoon

šaukštas

teaspoon

arbatinis šaukštelis

serviette

servetėlė

glass

stiklinė

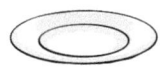

plate

lėkštė

soup plate

sriubos lėkštė

saucer

padėklas

sauce

padažas

salt pot

druskinė

pepper mill

pipirų malūnėlis

vinegar

actas

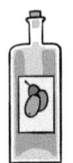

oil

aliejus

spices

prieskoniai

ketchup

kečupas

mustard

garstyčios

mayonnaise

majonezas

supermarket
prekybos centras

special offer
specialus pasiūlymas
FOR
customer
pirkėjas
dairy
pieno produktai
fruit
vaisiai
trolley
troleibusas

BUTCHERS

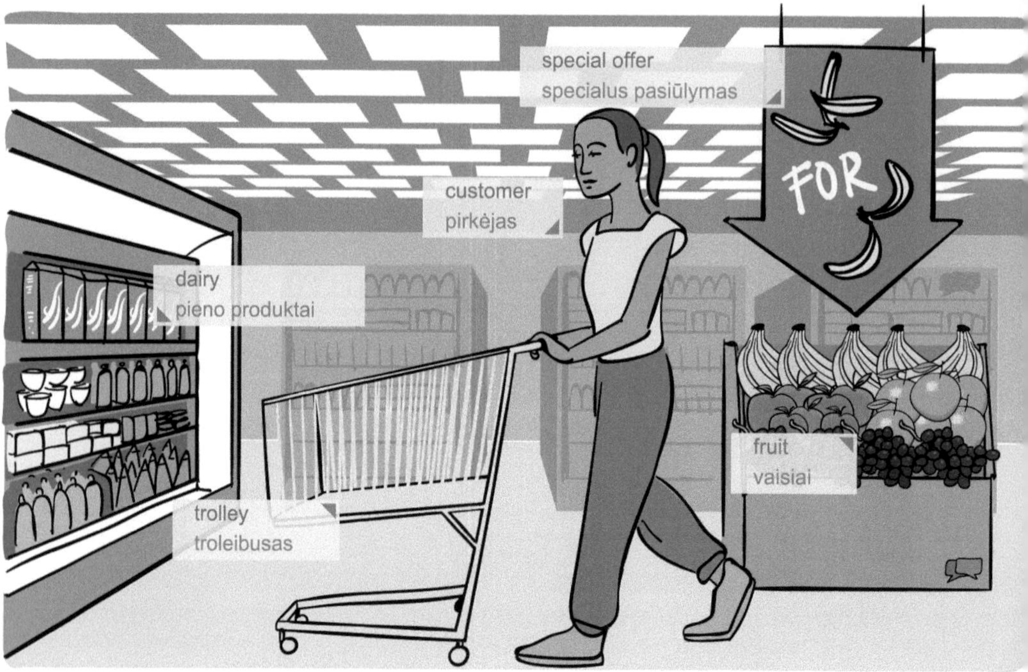

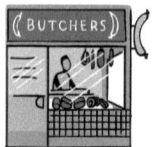

butcher´s

mėsos parduotuvė

BAKERY

baker´s

kepykla

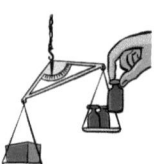

weigh

sverti

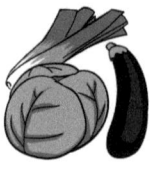

vegetables

daržovės

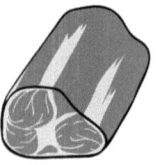

meat

mėsa

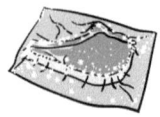

frozen food

šaldytas maistas

cold meat

šalti mėsos užkandžiai

tinned food

konservai

washing powder

skalbimo milteliai

sweets

saldumynai

household products

ūkinės prekės

cleaning products

valymo priemonės

salesperson

pardavėja

till

kasos aparatas

cashier

kasininkas

shopping list

pirkinių sąrašas

opening hours

darbo valandos

wallet

piniginė

credit card

kreditinė kortelė

bag

maišelis

plastic bag

plastikinis maišelis

water

vanduo

juice

sultys

milk

pienas

coke

kola

wine

vynas

beer

alus

alcohol

alkoholis

cocoa

kakava

tea

arbata

coffee

kava

espresso

espresas

cappuccino

kapučinas

banana

bananas

apple

obuolys

orange

apelsinas

melon

arbūzas

lemon

citrina

carrot

morka

garlic

česnakas

bamboo

bambukas

onion

svogūnas

mushroom

grybas

nuts

riešutai

noodles

makaronai

spaghetti

spagečiai

rice

ryžiai

salad

salotos

chips

traškučiai

fried potatoes

keptos bulvės

pizza

pica

hamburger

mėsainis

sandwich

sumuštinis

cutlet

pjausnys

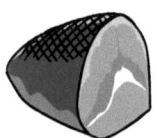

ham

kumpis

salami

saliamis

sausage

dešrelė

chicken

vištiena

roast

kepsnys

fish

žuvis

porridge oats

avižų dribsniai

muesli

dribsniai su priedais

cornflakes

kukurūzų dribsniai

flour

miltai

croissant

prancūziškasis ragelis

bread roll

bandelė

bread

duona

toast

skrebutis

biscuits

sausainiai

butter

sviestas

curd

varškė

cake

tortas

egg

kiaušinis

fried egg

kiaušinienė

cheese

sūris

ice cream
ledai

sugar
cukrus

honey
medus

jam
uogienė

chocolate spread
tepamas šokoladas

curry
karis

food - maistas

farm
ūkininko ūkis

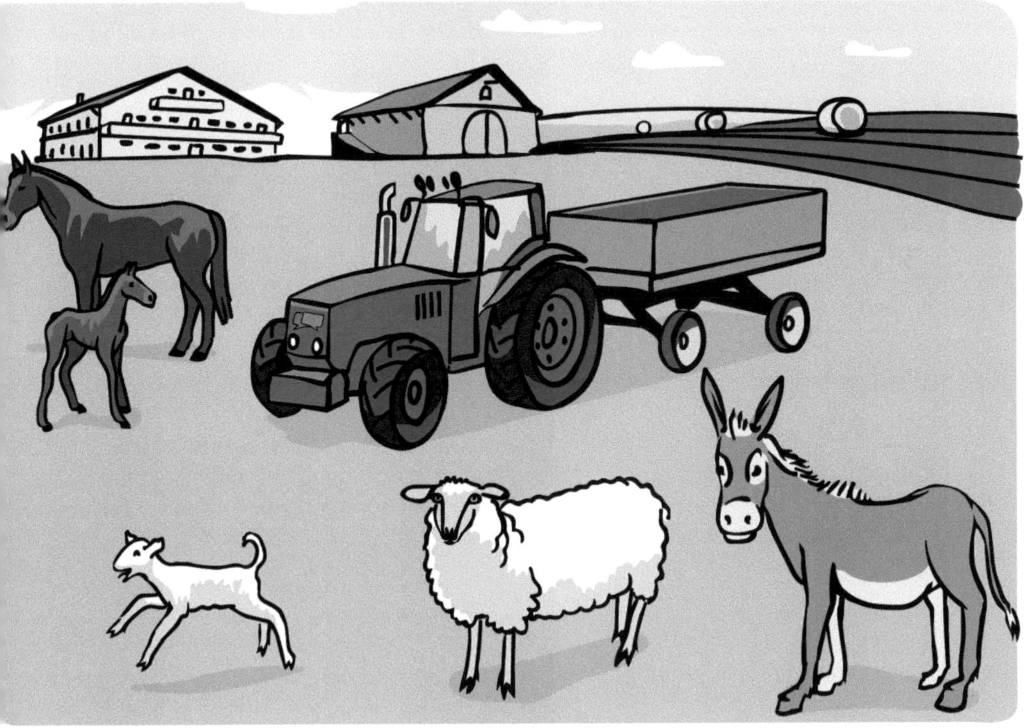

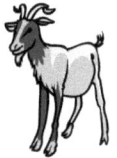

goat

ožys

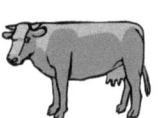

cow

karvė

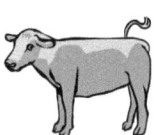

calf

veršis

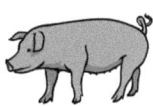

pig

kiaulė

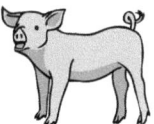

piglet

paršelis

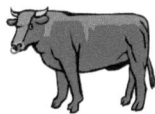

bull

bulius

goose

žąsis

duck

antis

chick

viščiukas

hen

višta

cock

gaidys

rat

žiurkė

cat

katė

mouse

pelė

ox

jautis

dog

šuo

doghouse

šuns būda

garden hose

sodo namas

watering can

laistytuvas

scythe

dalgis

plough

plūgas

sickle

pjautuvas

hoe

kauptukas

pitchfork

šakės

axe

kirvis

wheelbarrow

statinė

trough

lovys

milk can

bidonas

sack

maišas

fence

tvora

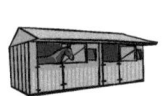

stable

arklidė

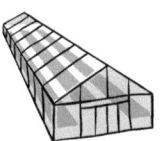

greenhouse

šiltnamis

soil

dirva

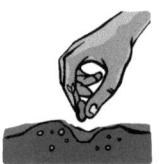

seed

sėkla

fertilizer

trąšos

combine harvester

kombainas

harvest

rinti

harvest

derlius

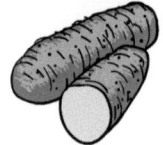

yams

saldžiosios bulvės

wheat

kviečiai

soy

soja

potato

bulvė

corn

kukurūzai

rapeseed

rapsai

fruit tree

vaismedis

cassava

manijokas

cereals

grūdai

farm - ūkininko ūkis

living room
svetainė

bathroom
vonios kambarys

kitchen
virtuvė

bedroom
miegamasis

child's room
vaiko kambarys

dining room
valgomasis

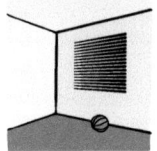

floor

grindys

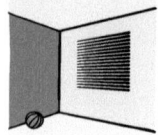

wall

siena

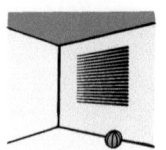

ceiling

lubos

cellar

rūsys

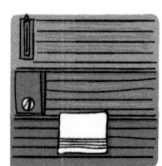

sauna

sauna

balcony

balkonas

terrace

terasa

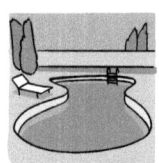

pool

baseinas

lawn mower

žoliapjovė

sheet

paklodė

bedspread

lovatiesė

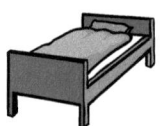

bed

lova

broom

šluota

bucket

kibiras

switch

jungiklis

living room
svetainė

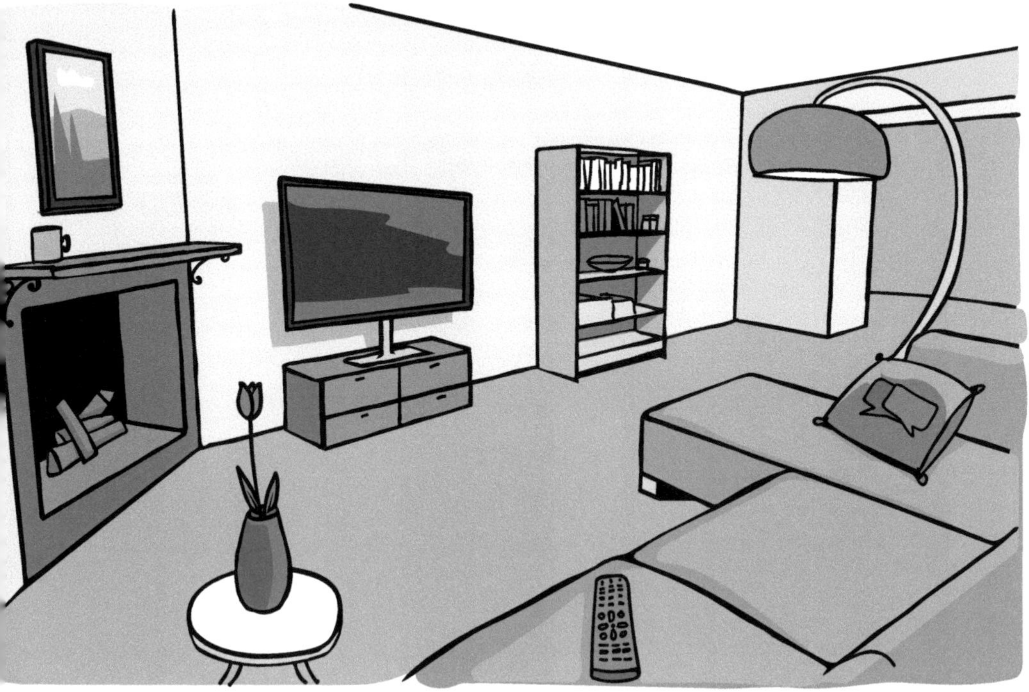

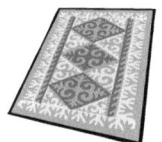

carpet

kilimas

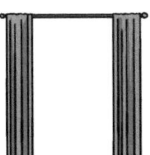

curtain

užuolaida

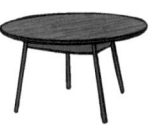

table

stalas

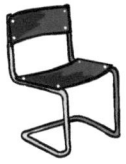

chair

kėdė

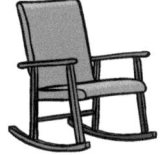

rocking chair

supamasis krėslas

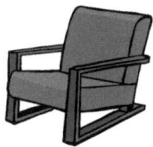

armchair

fotelis

book
knyga

blanket
antklodė

decoration
papuošimai

firewood
malkos

film
filmas

hi-fi equipment
stereo aparatūra

key
raktas

newspaper
laikraštis

painting
paveikslas

poster
plakatas

radio
radijas

notepad
užrašų knygelė

hoover
dulkių siurblys

cactus
kaktusas

candle
žvakė

kitchen
virtuvė

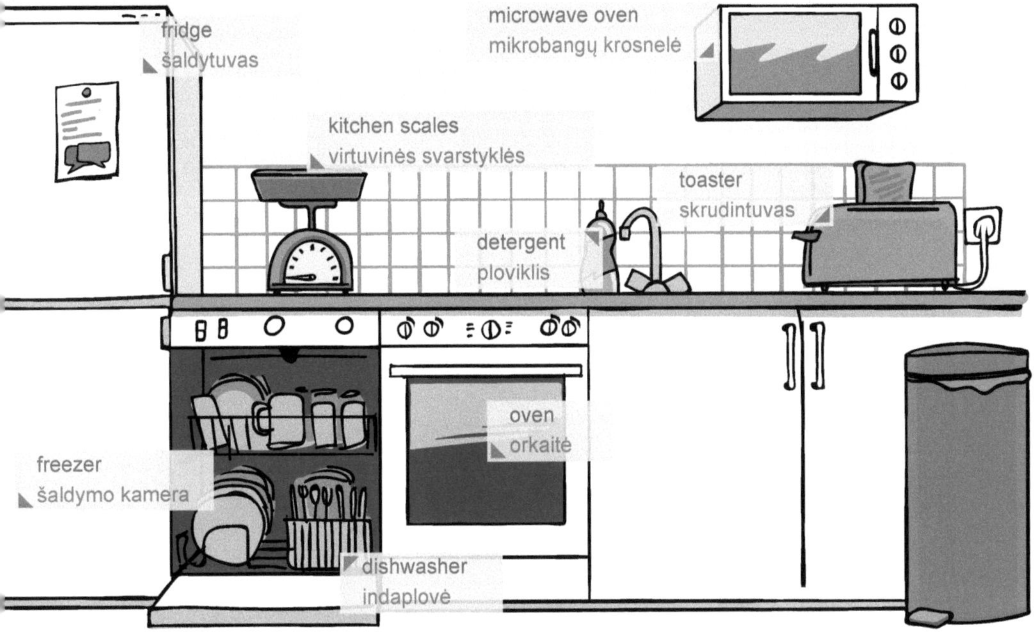
fridge
šaldytuvas
microwave oven
mikrobangų krosnelė
kitchen scales
virtuvinės svarstyklės
toaster
skrudintuvas
detergent
ploviklis
oven
orkaitė
freezer
šaldymo kamera
dishwasher
indaplovė

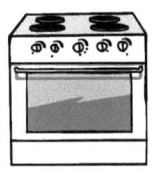

cooker
viryklė

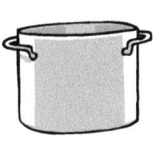

pot
puodas

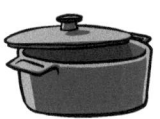

cast-iron pot
ketaus puodas

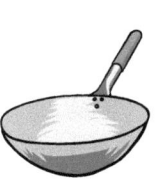

wok / kadai
„wok“ keptuvė

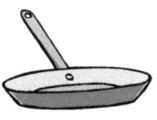

pan
keptuvė

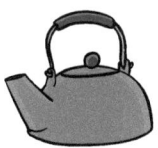

kettle
virdulys

steamer

garų puodas

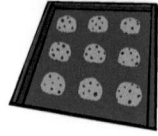

baking tray

kepimo skarda

crockery

porceliano indai

mug

puodelis

bowl

dubuo

chopsticks

valgomosios lazdelės

ladle

samtis

spatula

mentelė

whisk

plaktuvas

strainer

koštuvas

sieve

sietas

grater

trintuvė

mortar

grūstuvė

barbecue

kepsninė

open fire

atvira liepsna

chopping board
pjaustymo lentelė

rolling pin
kočėlas

corkscrew
kamščiatraukis

can
skardinė

can opener
skardinių atidarytuvas

pot holder
puodkėlė

sink
kriauklė

brush
šepetys

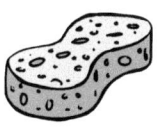

sponge
kempinė

blender
trintuvas

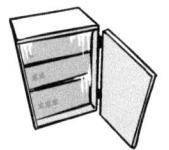

deep freezer
šaldiklis

baby bottle
kūdikių buteliukas

tap
čiaupas

bathroom

vonios kambarys

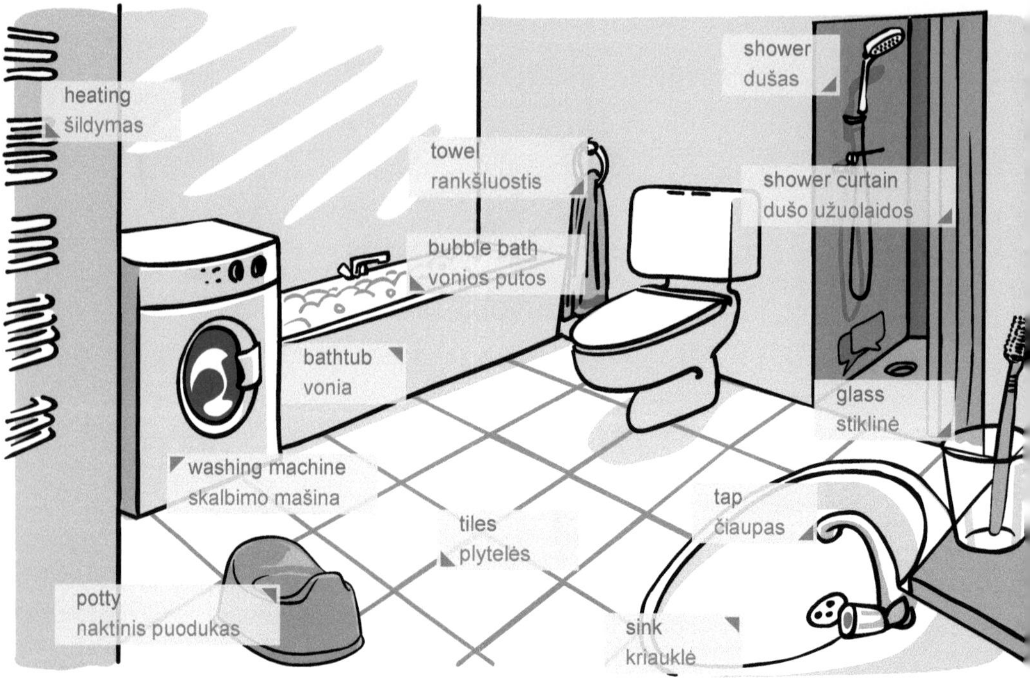

heating
šildymas
towel
rankšluostis
shower
dušas
shower curtain
dušo užuolaidos
bubble bath
vonios putos
bathtub
vonia
glass
stiklinė
washing machine
skalbimo mašina
tap
čiaupas
tiles
plytelės
potty
naktinis puodukas
sink
kriauklė

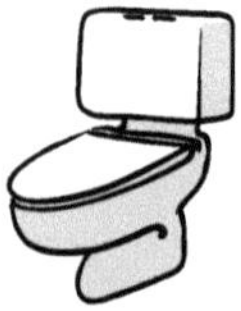

toilet

unitazas

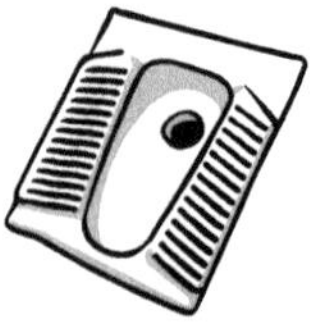

squat toilet

tupimasis unitazas

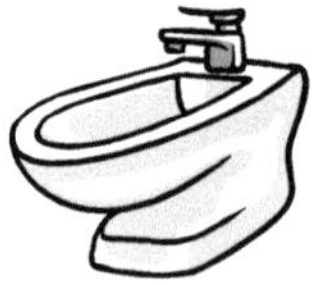

bidet

bidė

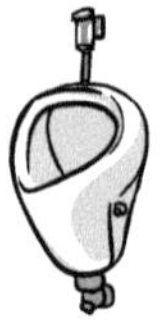

urinal

pisuaras

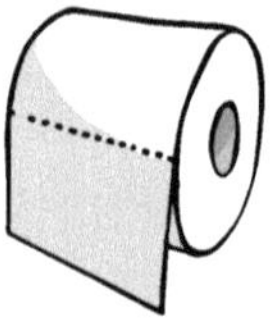

toilet paper

tualetinis popierius

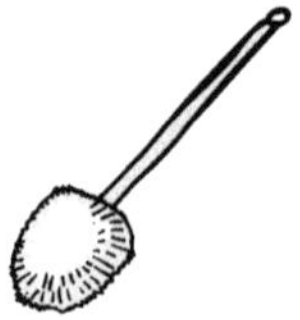

toilet brush

unitazo šepetys

toothbrush

dantų šepetėlis

toothpaste

dantų pasta

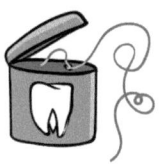

dental floss

dantų siūlas

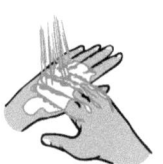

wash

plauti

handheld shower

dušo galvutė

douche

higieninis dušas

basin

praustuvas

back brush

nugaros plaušinė

soap

muilas

shower gel

dušo želė

shampoo

šampūnas

flannel

plaušinė

drain

kanalizacija

cream

kremas

deodorant

dezodorantas

mirror

veidrodis

hand mirror

veidrodėlis

razor

skustuvas

shaving foam

skutimosi putos

aftershave

losjonas po skutimosi

comb

šukos

brush

šepetys

hair dryer

plaukų džiovintuvas

hairspray

plaukų lakas

makeup

makiažas

lipstick

lūpdažis

nail varnish

nagų lakas

cotton wool

vata

nail scissors

žirklutės nagams

perfume

kvepalai

washbag

maišelis skalbiniams

stool

taburetė

weighing scale

svarstyklės

bathrobe

chalatas

rubber gloves

guminės pirštinės

tampon

tamponas

sanitary towel

higieninis įklotas

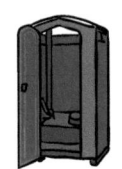

chemical toilet

biotualetas

child's room
vaiko kambarys

alarm clock
žadintuvas
cuddly toy
pliušinis žaislas
toy car
žaislinė mašinėlė
rattle
barškutis
doll's house
lėlės namelis
present
dovana

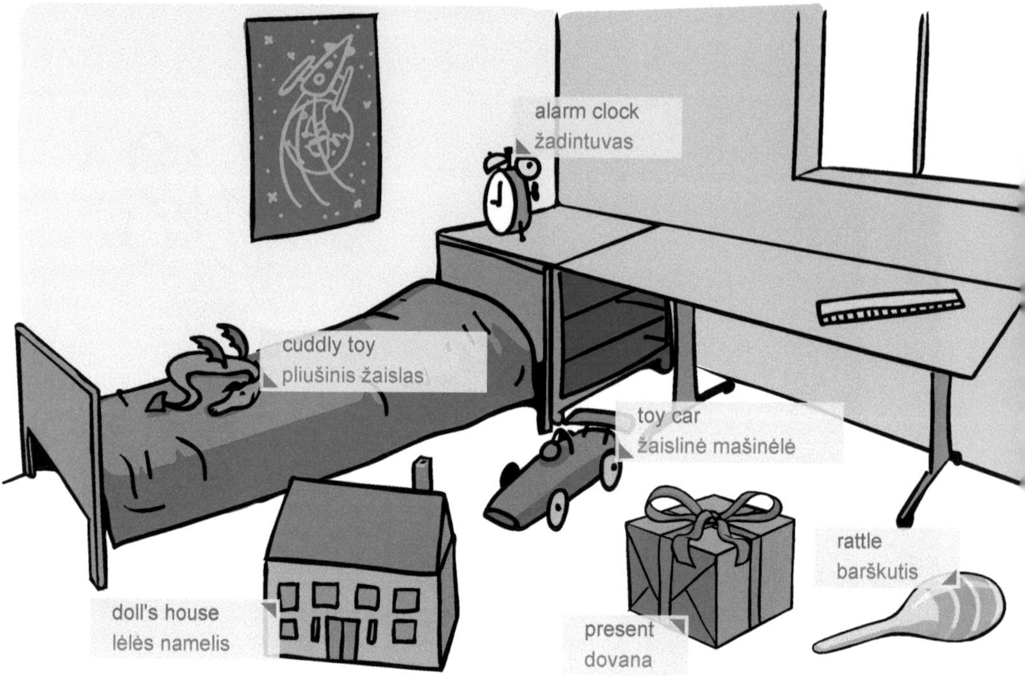

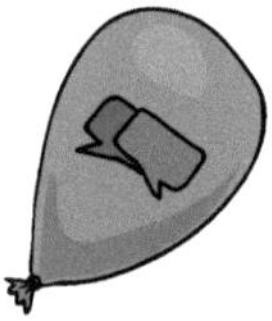

balloon

balionas

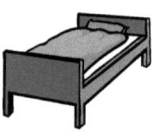

bed

lova

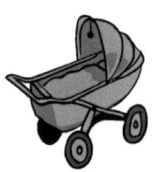

pram

vaikiškas vežimėlis

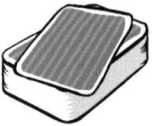

deck of cards

kortų malka

jigsaw

delionė

SUPER
MEGA

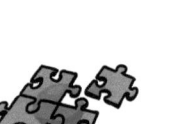

comic

komiksai

lego bricks

lego kaladėlės

building blocks

žaislinės kaladėlės

action figure

figūrėlė

babygrow

šliaužtinukai

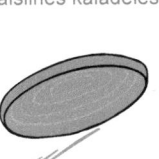

frisbee

mėtymo lėkštė

mobile

karuselė

board game

stalo žaidimas

dice

kauliukai

model train set

žaislinis traukinys

dummy

žindukas

party

vakarėlis

picture book

paveiksliukų knygelė

ball

kamuolys

doll

lėlė

play

žaisti

sandpit

smėlio dėžė

swing

sūpynės

toys

žaislai

video game console

žaidimų konsolė

tricycle

triratukas

teddy bear

meškiukas

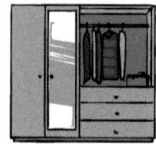

wardrobe

drabužių spinta

clothing
drabužis

socks

kojinės

stockings

kojinės virš kelių

tights

pėdkelnės

scarf
šalikas

umbrella
skėtis

t-shirt
marškinėliai

belt
diržas

boots
ilgaauliai batai

slippers
šlepetės

trainers
sportbačiai

sandals	shoes	rubber boots
sandalai	batai	guminiai batai

underpants	bra	vest
trumpikės	liemenėlė	liemenė

body

glaustinukė

trousers

kelnės

jeans

džinsai

skirt

sijonas

blouse

palaidinė

shirt

marškiniai

pullover

megztinis

hoodie

megztinis su gobtuvu

blazer

švarkelis

jacket

švarkas

coat

paltas

raincoat

lietpaltis

costume

kostiumas

dress

suknelė

wedding dress

vestuvinė suknelė

suit

kostiumas

nightgown

naktiniai marškiniai

pyjamas

pižama

sari

saris

headscarf

skarelė

turban

tiurbanas

burqa

burka

kaftan

kaftanas

abaya

abaja

swimsuit

maudymosi kostiumėlis

trunks

glaudės

shorts

šortai

tracksuit

sportinis kostiumas

apron

prijuostė

gloves

pirštinės

button
saga

glasses
akiniai

bracelet
apyrankė

necklace
vėrinys

ring
žiedas

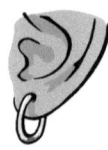

earring
auskaras

cap
kepurė

coat hanger
pakabas

hat
skrybėlė

tie
kaklaraištis

zip
užtrauktukas

helmet
šalmas

braces
breketai

school uniform
mokyklinė uniforma

uniform
uniforma

bib
....
seilinukas

dummy
....
žindukas

nappy
....
vystyklai

office
biuras

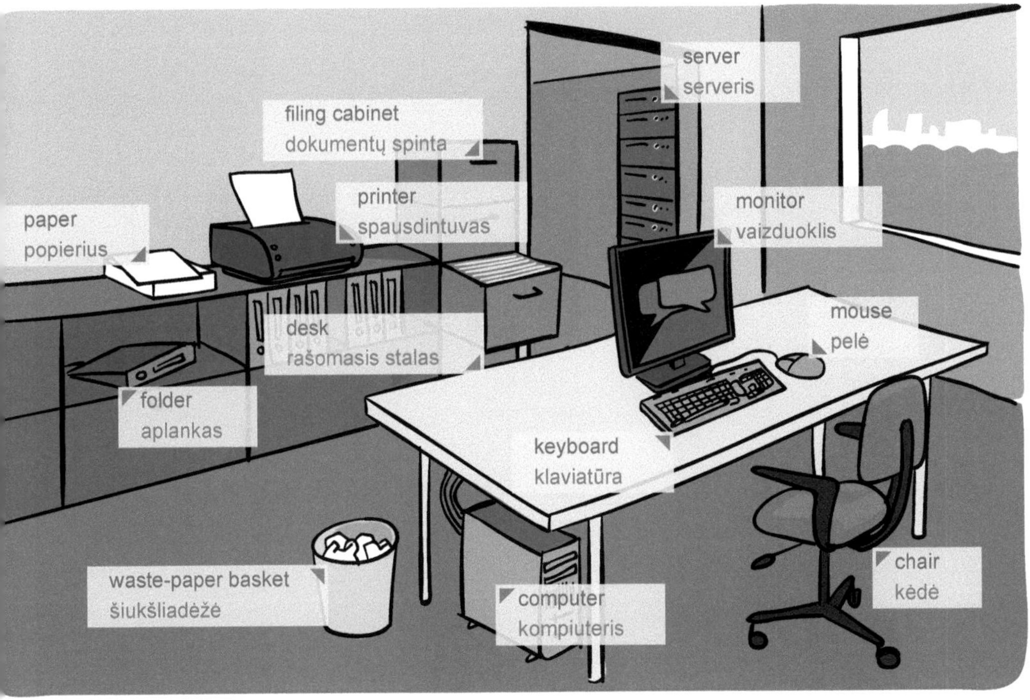

server
serveris

filing cabinet
dokumentų spinta

printer
spausdintuvas

monitor
vaizduoklis

paper
popierius

desk
rašomasis stalas

mouse
pelė

folder
aplankas

keyboard
klaviatūra

waste-paper basket
šiukšliadėžė

chair
kėdė

computer
kompiuteris

coffee mug
....
kavos puodelis

calculator
....
kalkuliatorius

internet
....
internetas

laptop

nešiojamasis kompiuteris

letter

laiškas

message

žinutė

mobile

mobilusis telefonas

network

tinklas

photocopier

fotokopijavimo aparatas

software

programinė įranga

telephone

telefonas

plug socket

kištukinis lizdas

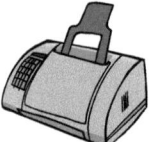

fax machine

faksas

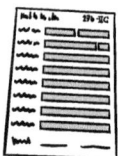

form

forma

document

dokumentas

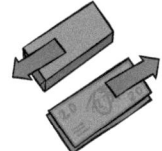

buy

pirkti

pay

mokėti

trade

prekiauti

money

pinigai

USD

dollar

doleris

EUR

euro

euras

JPY

yen

jena

RUB

rouble

rublis

CHF

Swiss franc

Šveicarijos frankas

CNY

renminbi yuan

juanis

INR

rupee

rupija

cashpoint

bankomatas

bureau de change

valiutos keitykla

gold

auksas

silver

sidabras

oil

nafta

energy

energija

price

kaina

contract

sutartis

tax

mokestis

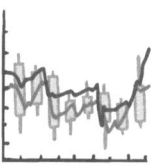

stock

akcijos

work

dirbti

employee

darbuotojas

employer

darbdavys

factory

gamykla

shop

parduotuvė

occupations
profesijos

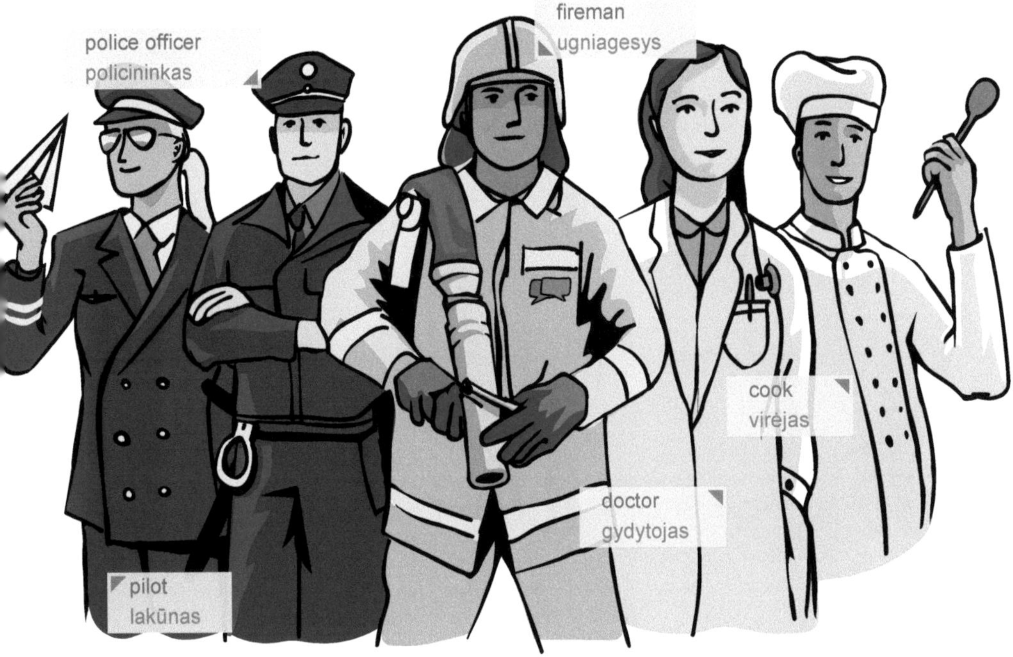
police officer
policininkas
fireman
ugniagesys
cook
virėjas
doctor
gydytojas
pilot
lakūnas

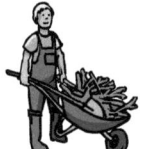

gardener
sodininkas

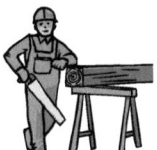

carpenter
stalius

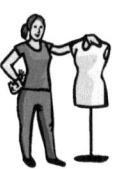

seamstress
siuvėja

judge
teisėjas

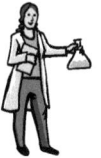

chemist
chemikas

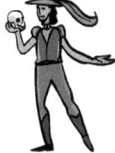

actor
aktorius

bus driver

autobuso vairuotojas

taxi driver

taksi vairuotojas

fisherman

žvejys

cleaning lady

valytoja

roofer

stogdengys

waiter

padavėjas

hunter

medžiotojas

painter

dailininkas

baker

kepėjas

electrician

elektrikas

builder

statybininkas

engineer

inžinierius

butcher

mėsininkas

plumber

santechnikas

postman

paštininkas

occupations - profesijos

soldier

kareivis

architect

architektas

cashier

kasininkas

florist

gėlininkas

hairdresser

kirpėjas

conductor

konduktorius

mechanic

mechanikas

captain

kapitonas

dentist

odontologas

scientist

mokslininkas

rabbi

rabinas

imam

imamas

monk

vienuolis

clergyman

kunigas

tools
įrankiai

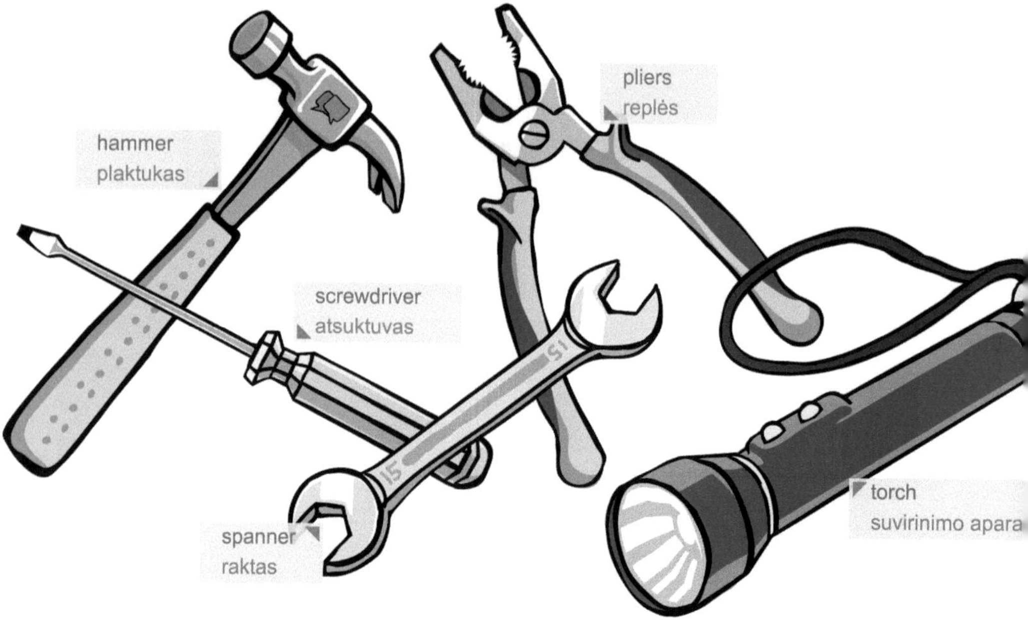

pliers
replės
hammer
plaktukas
screwdriver
atsuktuvas
torch
suvirinimo apara
spanner
raktas

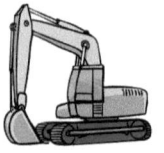

digger

ekskavatorius

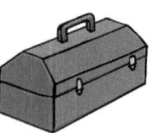

toolbox

įrankių dėžė

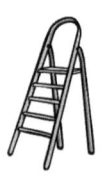

ladder

kopėčios

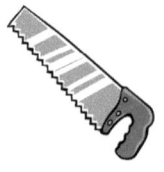

saw

pjūklas

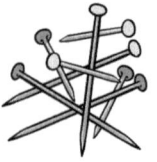

nails

vinys

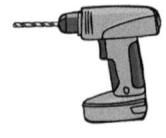

drill

grąžtas

repair

taisyti

shovel

kastuvas

Damn!

Velniava!

dustpan

semtuvėlis

paint pot

dažų skardinė

screws

varžtai

musical instruments
muzikos instrumentai

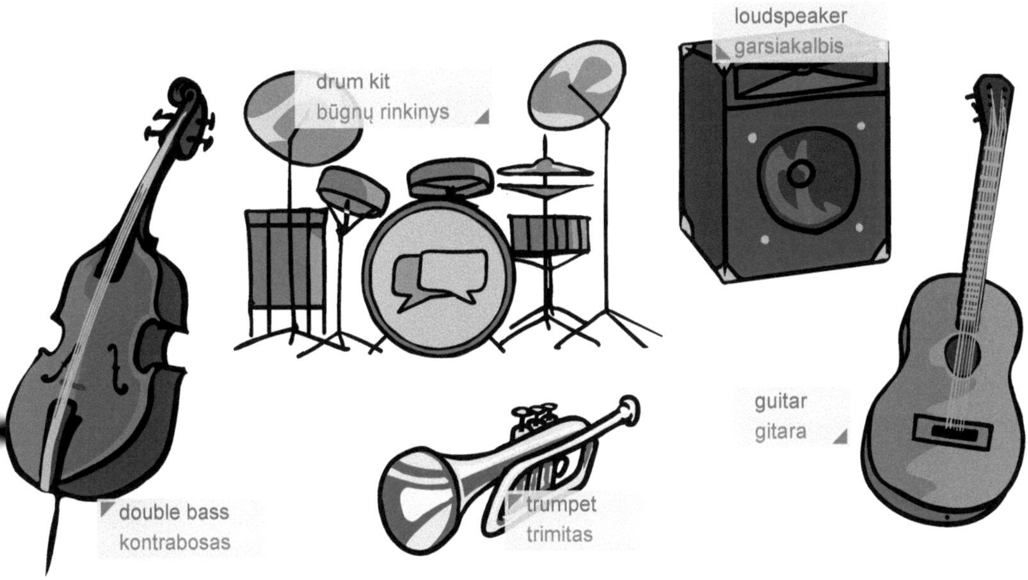

loudspeaker
garsiakalbis

drum kit
būgnų rinkinys

guitar
gitara

double bass
kontrabosas

trumpet
trimitas

piano

pianinas

violin

smuikas

bass

bosinė gitara

timpani

timpanas

drums

būgnai

keyboard

sintezatorius

saxophone

saksofonas

flute

fleita

microphone

mikrofonas

zoo

zoologijos sodas

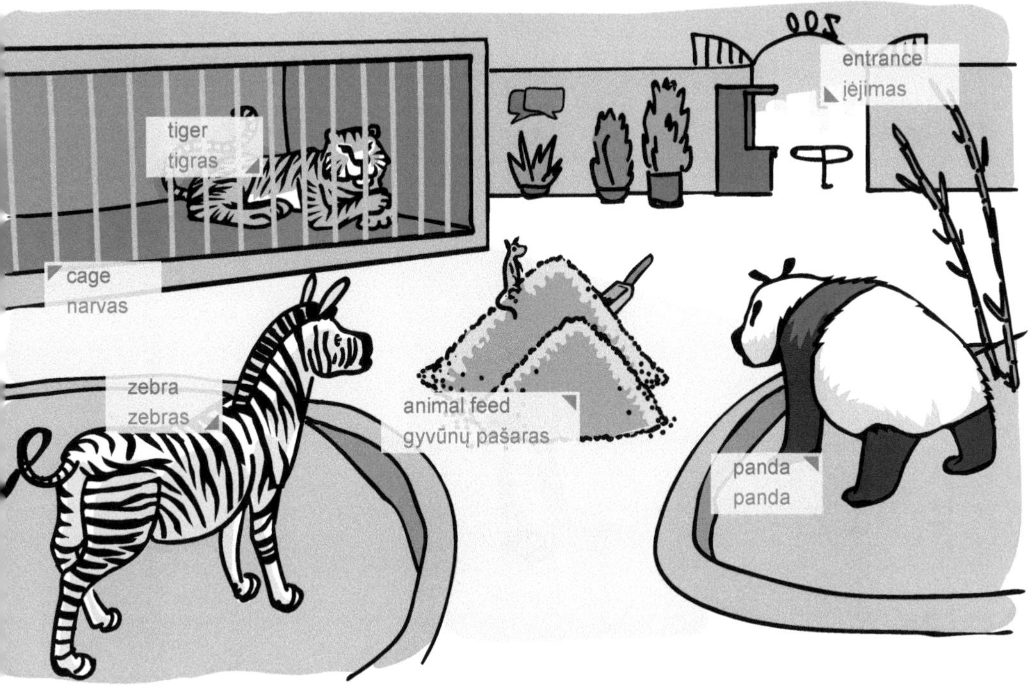
entrance
įėjimas
tiger
tigras
cage
narvas
zebra
zebras
animal feed
gyvūnų pašaras
panda
panda

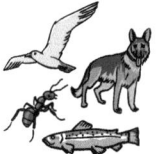

animals
gyvūnai

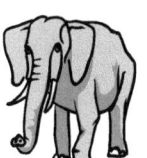

elephant
dramblys

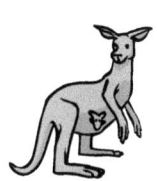

kangaroo
kengūra

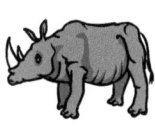

rhino
raganosis

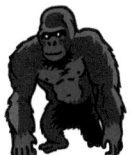

gorilla
gorila

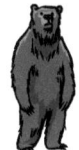

bear
meška

camel

kupranugaris

ostrich

strutis

lion

liūtas

monkey

beždžionė

flamingo

flamingas

parrot

papūga

polar bear

baltoji meška

penguin

pingvinas

shark

ryklys

peacock

povas

snake

gyvatė

crocodile

krokodilas

zookeeper

zoologijos sodo prižiūrėtojas

seal

ruonis

jaguar

jaguaras

pony

ponis

leopard

leopardas

hippo

begemotas

giraffe

žirafa

eagle

erelis

boar

šernas

fish

žuvis

turtle

vėžlys

walrus

vėplys

fox

lapė

gazelle

gazelė

American football
amerikietiškas futbolas

cycling
dviračių sportas

tennis
tenisas

basketball
krepšinis

swimming
plaukimas

boxing
boksas

ice hockey
ledo ritulys

football
futbolas

badminton
badmintonas

athletics
atletika

handball
rankinis

skiing
slidinėjimas

polo
polas

jump
šokinėti

laugh
juoktis

hug
apkabinti

walk
vaikščioti

sing
dainuoti

dream
svajoti

pray
melstis

kiss
bučiuoti

write
rašyti

draw
piešti

show
rodyti

push
stumti

give
duoti

take
imti

have
....
turėti

do
....
daryti

be
....
būti

stand
....
stovėti

run
....
bėgti

pull
....
traukti

throw
....
mesti

fall
....
kristi

lie
....
meluoti

wait
....
laukti

carry
....
nešti

sit
....
sėdėti

get dressed
....
rengtis

sleep
....
miegoti

wake up
....
pabusti

look at

žiūrėti

cry

verkti

stroke

glostyti

comb

šukuoti

talk

kalbėti

understand

suprasti

ask

paklausti

listen

klausytis

drink

gerti

eat

valgyti

tidy up

tvarkytis

love

mylėti

cook

gaminti

drive

vairuoti

fly

skristi

activities - užsiėmimai

65

sail

buriuoti

calculate

skaičiuoti

read

skaityti

learn

mokytis

work

dirbti

marry

vesti

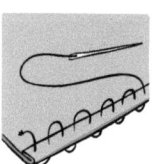

sew

siūti

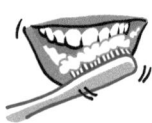

brush teeth

valytis dantis

kill

žudyti

smoke

rūkyti

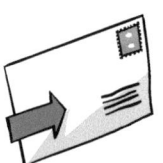

send

siųsti

activities - užsiėmimai

grandmother
senelė

grandfather
senelis

father
tėvas

mother
motina

baby
kūdikis

daughter
dukra

son
sūnus

guest

svečias

aunt

teta

uncle

dėdė

brother

brolis

sister

sesuo

body
kūnas

forehead
kakta
eye
akis
shoulder
petys
finger
pirštas
face
veidas
chin
smakras
hand
plaštaka
leg
koja
breast
krūtinė
arm
ranka

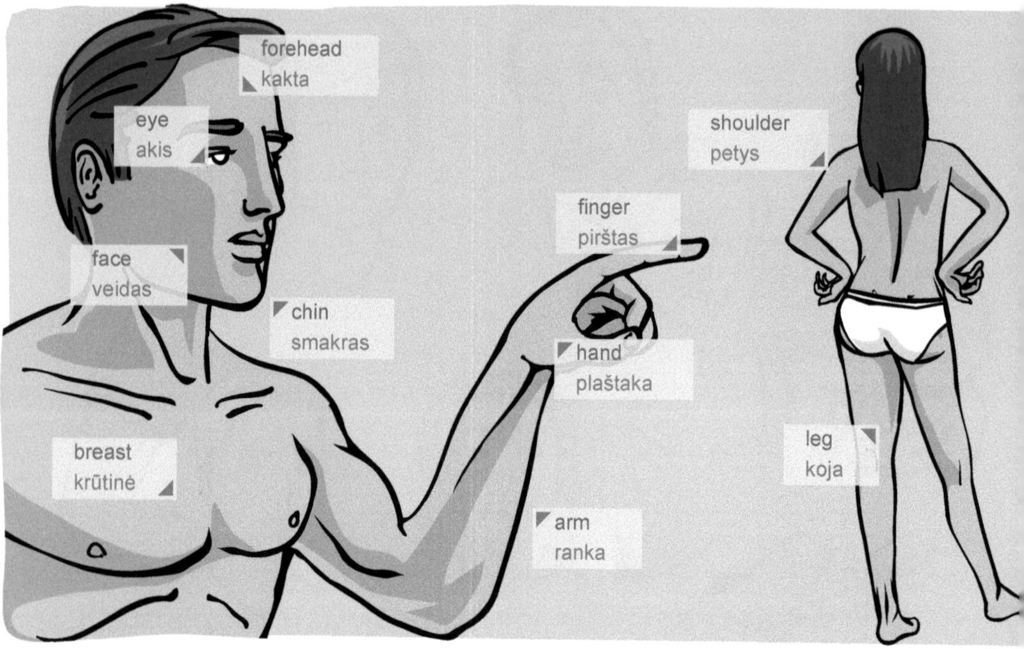

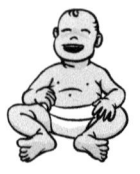

baby
kūdikis

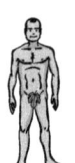

man
vyras

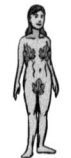

woman
moteris

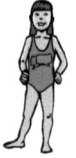

girl
mergaitė

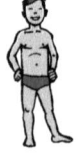

boy
berniukas

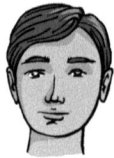

head
galva

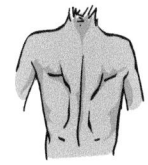

back
nugara

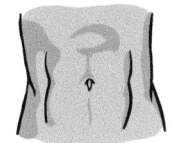

belly
pilvas

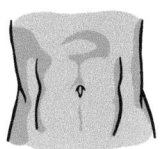

belly button
bamba

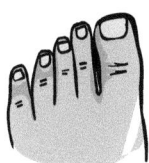

toe
kojos pirštas

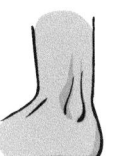

heel
kulnas

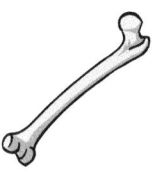

bone
kaulas

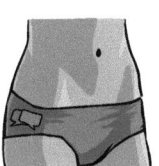

hip
klubas

knee
kelis

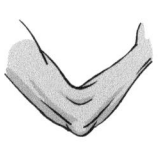

elbow
alkūnė

nose
nosis

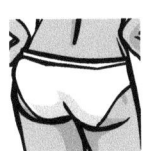

bottom
sėdmenys

skin
oda

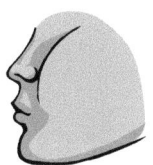

cheek
skruostas

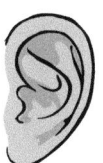

ear
ausis

lip
lūpa

body - kūnas

mouth

burna

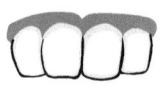

tooth

dantis

tongue

liežuvis

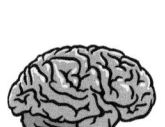

brain

smegenys

heart

širdis

muscle

raumuo

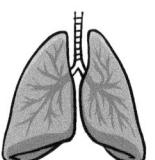

lung

plaučiai

liver

kepenys

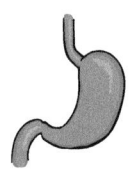

stomach

skrandis

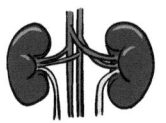

kidneys

inkstai

sex

seksas

condom

prezervatyvas

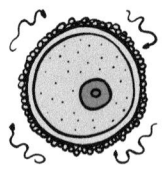

ovum

kiaušialąstė

semen

sperma

pregnancy

nėštumas

body - kūnas

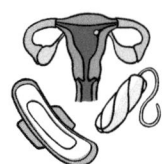

menstruation
menstruacijos

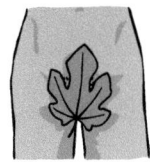

vagina
makštis

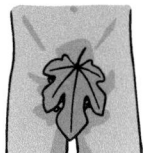

penis
varpa

eyebrow
antakis

hair
plaukai

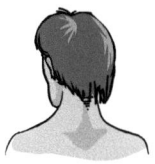

neck
kaklas

hospital
ligoninė

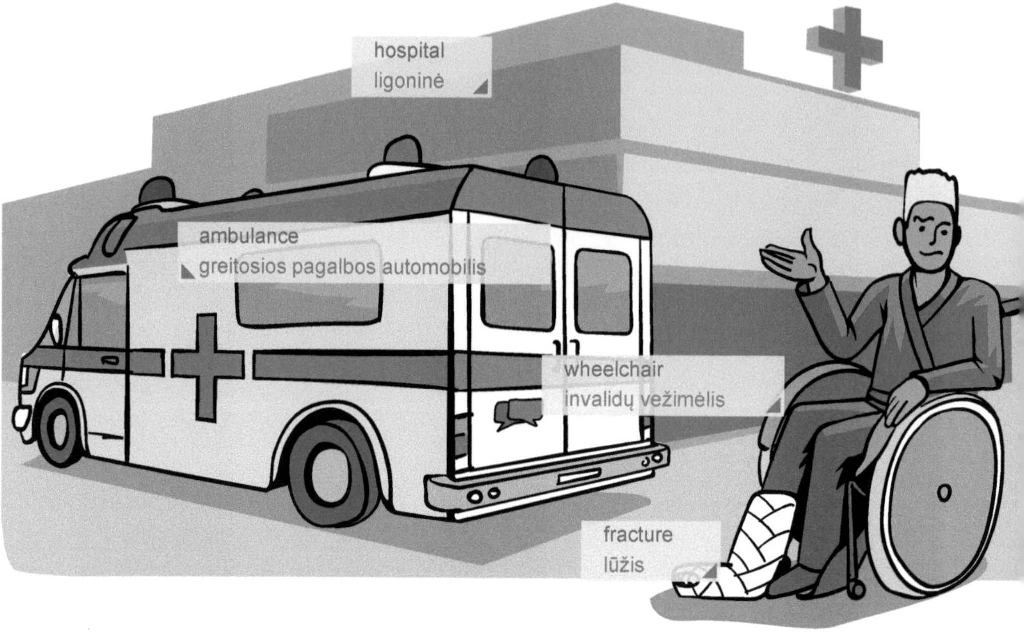

hospital
ligoninė
ambulance
greitosios pagalbos automobilis
wheelchair
invalidų vežimėlis
fracture
lūžis

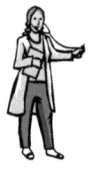

doctor

gydytojas

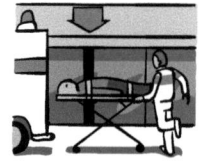

emergency room

skubios pagalbos skyrius

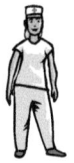

nurse

slaugytoja

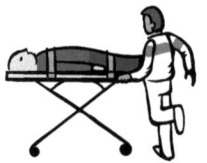

emergency

nelaimingas atsitikimas

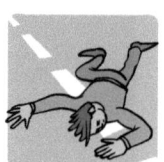

unconscious

be sąmonės

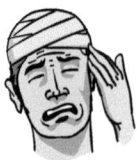

pain

skausmas

injury
sužalojimas

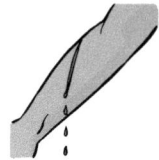
bleeding
kraujavimas

heart attack
širdies smūgis

stroke
insultas

allergy
alergija

cough
kosulys

fever
karščiavimas

flu
gripas

diarrhoea
viduriavimas

headache
galvos skausmas

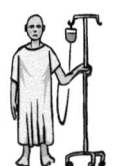
cancer
vėžys

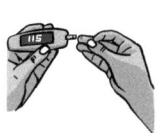
diabetes
diabetas

surgeon
chirurgas

scalpel
skalpelis

operation
operacija

CT
KT

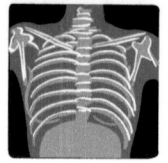

x-ray
rentgenas

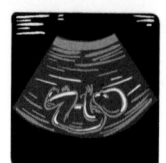

ultrasound
ultragarsas

face mask
veido kaukė

disease
liga

waiting room
laukiamasis

crutch
ramentas

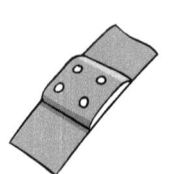

plaster
gipsas

bandage
tvarstis

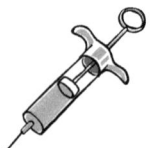

injection
injekcija

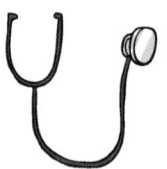

stethoscope
stetoskopas

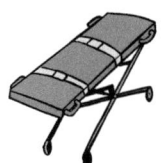

stretcher
neštuvai

clinical thermometer
termometras

birth
gimimas

overweight
antsvoris

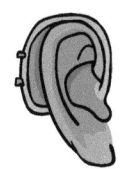

hearing aid

klausos aparatas

disinfectant

dezinfekavimo priemonė

infection

infekcija

virus

virusas

HIV / AIDS

ŽIV / AIDS

medicine

vaistas

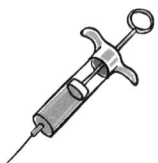

vaccination

skiepijimas

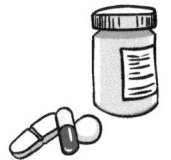

tablets

tabletės

pill

piliulė

emergency call

skubios pagalbos numeris

blood pressure monitor

kraujospūdžio matuoklis

ill / healthy

ligotas / sveikas

hospital - ligoninė

Help!

Padėkite!

alarm

pavojaus signalas

assault

užpuolimas

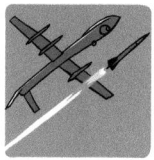

attack

ataka

danger

pavojus

emergency exit

avarinis išėjimas

Fire!

Gaisras!

fire extinguisher

gesintuvas

accident

nelaimingas atsitikimas

first-aid kit

pirmosios pagalbos rinkinys

SOS

SOS

police

policija

Europe

Europa

North America

Šiaurės Amerika

South America

Pietų Amerika

Africa

Afrika

Asia

Azija

Australia

Australija

Atlantic

Atlanto vandenynas

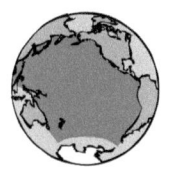

Pacific

Ramusis vandenynas

Indian Ocean

Indijos vandenynas

Antarctic Ocean

Pietų vandenynas

Arctic Ocean

Arkties vandenynas

North Pole

Šiaurės ašigalis

South Pole
Pietų ašigalis

Antarctica
Antarktida

Earth
Žemė

land
sausuma

sea
jūra

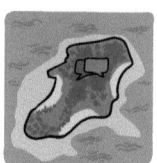

island
sala

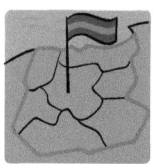

nation
tauta

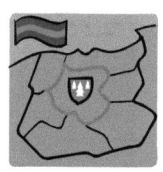

state
valstybė

clock face

ciferblatas

hour hand

valandinė rodyklė

minute hand

minutinė rodyklė

second hand

sekundinė rodyklė

What time is it?

Kiek valandų?

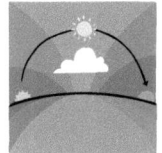

day

diena

time

laikas

now

dabar

digital watch

skaitmeninis laikrodis

minute

minutė

hour

valanda

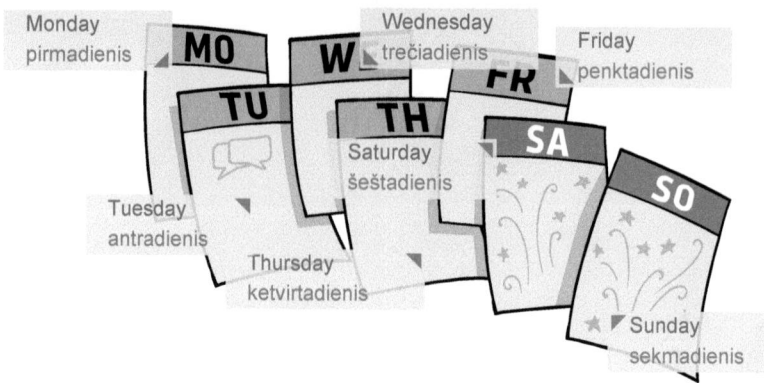

Monday
pirmadienis

Wednesday
trečiadienis

Friday
penktadienis

Tuesday
antradienis

Saturday
šeštadienis

Thursday
ketvirtadienis

Sunday
sekmadienis

yesterday

vakar

today

šiandien

tomorrow

rytoj

morning

rytas

noon

vidurdienis

evening

vakaras

business days

darbo dienos

weekend

savaitgalis

year
metai

rain
lietus
wind
vėjas
snow
sniegas
spring
pavasaris
autumn
ruduo
summer
vasara
winter
žiema

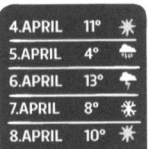

4.APRIL 11°
5.APRIL 4°
6.APRIL 13°
7.APRIL 8°
8.APRIL 10°

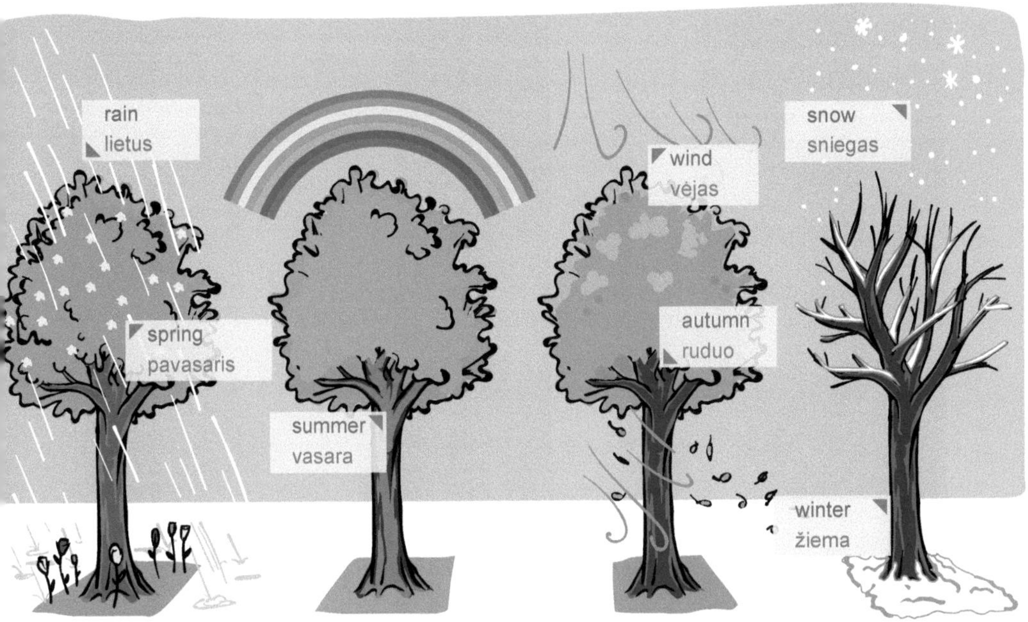

weather forecast

orų prognozė

F C
120 40
90 30
60 20
30 10
0 0
-30 -10
-20

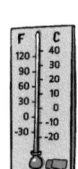

thermometer

lauko termometras

sunshine

saulės šviesa

cloud

debesis

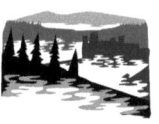

fog

rūkas

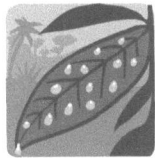

humidity

drėgmė

lightning

žaibas

thunder

griaustinis

storm

audra

hail

kruša

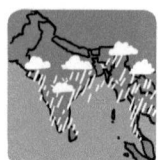

monsoon

musonas

flood

potvynis

ice

ledas

January

sausis

February

vasaris

March

kovas

April

balandis

May

gegužė

June

birželis

July

liepa

August

rugpjūtis

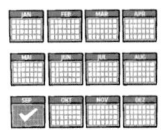

September
....
rugsėjis

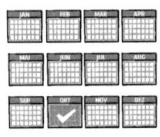

October
....
spalis

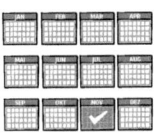

November
....
lapkritis

December
....
gruodis

shapes

formos

circle
....
apskritimas

square
....
kvadratas

rectangle
....
stačiakampis

triangle
....
trikampis

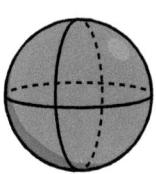

sphere
....
sfera

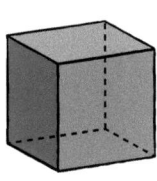

cube
....
kubas

white
....
balta

yellow
....
geltona

orange
....
oranžinė

pink
....
rožinė

red
....
raudona

purple
....
violetinė

blue
....
mėlyna

green
....
žalia

brown
....
ruda

grey
....
pilka

black
....
juoda

a lot / a little

daug / mažai

angry / calm

piktas / ramus

beautiful / ugly

gražus / bjaurus

beginning / end

pradžia / pabaiga

big / small

didelis / mažas

bright / dark

šviesus / tamsus

brother / sister

brolis / sesuo

clean / dirty

švarus / purvinas

complete / incomplete

užbaigtas / neužbaigtas

day / night

diena / naktis

dead / alive

miręs / gyvas

wide / narrow

platus / siauras

edible / inedible

valgomas / nevalgomas

evil / kind

piktas / malonus

excited / bored

linksmas / nuobodus

fat / thin

storas / plonas

first / last

pirmiausia / paskiausia

friend / enemy

draugas / priešas

full / empty

pilnas / tuščias

hard / soft

kietas / minkštas

heavy / light

sunkus / lengvas

hunger / thirst

alkis / troškulys

ill / healthy

ligotas / sveikas

illegal / legal

nelegalus / legalus

intelligent / stupid

protingas / kvailas

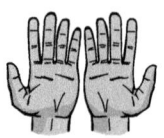

left / right

kairė / dešinė

near / far

arti / toli

new / used

naujas / naudotas

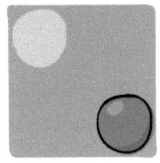

nothing / something

niekas / kažkas

old / young

senas / jaunas

on / off

įjungta / išjungta

open / closed

atidaryta / uždaryta

quiet / loud

tylus / garsus

rich / poor

turtingas / vargšas

right / wrong

teisus / neteisus

rough / smooth

šiurkštus / švelnus

sad / happy

liūdnas / laimingas

short / long

trumpas / ilgas

slow / fast

lėtas / greitas

wet / dry

drėgnas / sausas

warm / cool

šiltas / šaltas

war / peace

karas / taika

0

zero

nulis

1

one

vienas

2

two

du

3

three

trys

4

four

keturi

5

five

penki

6

six

šeši

7

seven

septyni

8

eight

aštuoni

9

nine

devyni

10

ten

dešimt

11

eleven

vienuolika

12

twelve

dvylika

13

thirteen

trylika

14

fourteen

keturiolika

15

fifteen

penkiolika

16

sixteen

šešiolika

17

seventeen

septyniolika

18

eighteen

aštuoniolika

19

nineteen

devyniolika

20

twenty

dvidešimt

100

hundred

šimtas

1.000

thousand

tūkstantis

1.000.000

million

milijonas

English

anglų

American English

amerikiečių anglų

Chinese Mandarin

kinų (mandarinų)

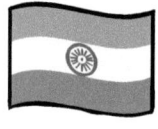

Hindi

hindi

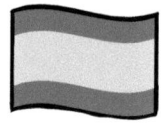

Spanish

ispanų

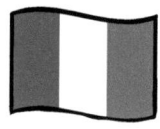

French

prancūzų

Arabic

arabų

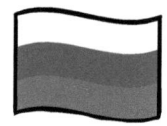

Russian

rusų

Portuguese

portugalų

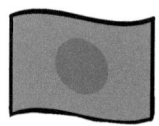

Bengali

bengalų

German

vokiečių

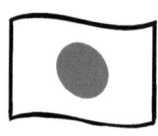

Japanese

japonų

I

aš

you

tu

he / she / it

jis / ji

we

mes

you

jūs

they

jie

who?

kas?

what?

ką?

how?

kaip?

where?

kur?

when?

kada?

name

vardas

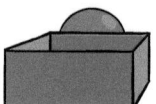

behind

už

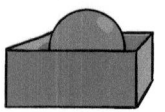

in

kur (vieta)

in front of

priešais

over

virš

on

ant

under

po

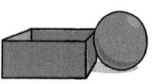

beside

prie

between

tarp

place

vieta